Género Cuento folclórico

Pregunta esencial

¿Qué características hacen que los animales sean únicos?

La oveja y el cerdo forman un hogar

· Un cuento folclórico noruego ·

versión de Chloe Roberts • ilustrado por Reggie Holladay

Capítulo 1

Abandonar la granja

Había una vez una oveja a la que estaban engordando para un banquete. Pasaba los días en un corral llenándose con comida. Un día, la granjera llegó con bocados especialmente deliciosos. Observó la voluminosa figura de la oveja y exclamó:

—Me pone contenta verte tan rellenita. Disfruta de tu última comida porque mañana serás la comida de otros.

La oveja escuchó con incredulidad, mirando de reojo. Había pensado que era la más afortunada del mundo. "Parece que no soy la preferida de la granjera, después de todo", pensó la oveja. "Ella parecía muy feliz con mi figura regordeta, pero solo quería cocinarme".

La oveja decidió que había llegado el momento de abandonar la granja, pero primero se comió hasta el último bocado de la comida que le habían dejado. "No tiene sentido desperdiciar nada", pensó. "Para escaparme, necesitaré todas mis fuerzas".

Después de haber comido, durmió la siesta porque comer demasiado siempre le daba sueño. Cuando despertó, sabía lo que debía hacer. Usando todo el peso de su gran cuerpo, tiró al piso de un empujón la puerta de su corral y escapó.

La oveja caminó hacia una granja vecina donde vivía su amigo, el cerdo, quien estaba en su chiquero saboreando una abundante comida.

—Hola, Cerdo, mi corpulento amigo, parece que estás muy bien alimentado, como siempre. Pero ¿te has preguntado alguna vez por qué te alimentan tan bien?

—¡Qué bueno verte a ti también, Oveja! —exclamó el cerdo—. Debo admitir que no sé lo que hice para merecer raciones tan abundantes como estas. Solo soy un cerdo común.

—Yo te lo diré —dijo la oveja—. Esta mañana descubrí que nos engordan para alimentar a otros. Hoy comemos nosotros, pero mañana otros nos comerán.

—¿Qué podemos hacer? —chilló el cerdo, incrédulo—. ¡No quiero ser la cena de otros!

—Tengo una idea —afirmó la oveja—. Podríamos ir al bosque, construir una casa y vivir juntos allí.

—Me gusta la idea —aseguró el cerdo.

Así que los dos amigos se dirigieron al bosque, ansiosos por comenzar a construir su casa.

Capítulo 2

Nuevos amigos

Mientras la oveja y el cerdo caminaban hacia el bosque, se encontraron con el ganso.

—Hola, Oveja. Hola, Cerdo. ¿Hacia dónde van tan apurados? —preguntó el ganso.

—Bueno, acabamos de darnos cuenta de por qué nos alimentaban tan bien —explicó el cerdo—. Ofrecían banquetes para hacer tocino…

—Y refrigerios para tener costillas de cordero —explicó la oveja—, así que decidimos formar un hogar juntos.

—Siempre quise tener un hogar propio —afirmó el ganso, muy atento—, y sería divertido formarlo con amigos. Seguro que a tres les va tan bien como a dos. ¿Podría unirme a ustedes?

—¿Qué destrezas tienes, Ganso, además de chismorrear y parlotear? —preguntó la oveja, muy arrogante—. Después de todo, tenemos que construir una casa.

—Tengo excelentes destrezas —aseguró el ganso, ofendido—. Puedo recoger musgo y colocarlo entre los tablones de madera para mantener la casa cálida y seca.

—Me gustaría una casa linda, acogedora y reluciente —dijo el cerdo.

—Una casa sin humedad es una casa confortable —agregó la oveja.

Así que acordaron que el ganso montaría la casa junto con la oveja y el cerdo.

Los tres amigos siguieron su marcha. La oveja y el cerdo trotaban, mientras que el ganso caminaba entre ellos, contoneándose.

Los tres seguían avanzando cuando una liebre saltó desde atrás de un arbusto.

—Hola, amigos —saludó la liebre—. ¿Adónde irán hoy? Caminaré con ustedes un rato.

—Nosotros tres vamos al bosque porque planeamos construir una casa allí para vivir juntos —explicó el ganso.

—Eso parece un plan interesante —agregó la liebre—. En verano, puedo cobijarme debajo de cualquier arbusto, pero en invierno, desearía tener un techo que me protegiera. Todos los años me digo a mí misma que si sobrevivo al invierno, construiré una casa adecuada.

—Tal vez ahora sea el momento —expresó el ganso.

—¿Cómo se sentirían si formara un hogar con ustedes tres? —preguntó la liebre.

—No estoy seguro de que puedas brindarnos demasiada ayuda con la construcción de la casa —dijo el cerdo, vacilando—. ¿Qué destrezas tienes además de fastidiar a los perros?

—Verás que tengo muy buenas habilidades con la carpintería —aseguró la liebre—. Puedo roer la madera con mis dientes hasta formar estaquillas y después clavarlas en la pared.

Todos acordaron que la liebre tenía destrezas útiles, por lo que se unió al grupo de amigos, y todos continuaron el camino.

Casi de inmediato, se encontraron con un gallo.

—Hola, hola. Parece un grupo muy alegre. ¿Adónde van todos en este hermoso día? —preguntó el gallo.

—Hola —saludó la oveja—. Al cerdo y a mí nos estaban engordando, y supimos por qué justo a tiempo, por lo tanto, vamos hacia el bosque para construir nuestra propia casa, y el ganso y la liebre se unieron a nosotros.

—¡Qué buena idea! —exclamó el gallo—. Se dice que los gallos cacarean más fuerte en una casa, pero sin embargo, nunca tuve una. ¿Podría unirme al grupo?

—Primero debes decirnos en qué puedes ayudar. Sabemos que tienes una voz poderosa, pero ¿cómo podrías ayudarnos a construir nuestra casa con tus ruidos ensordecedores? —preguntó el cerdo.

—Bueno, mi cacareo despertará a todos temprano para comenzar el día de trabajo —explicó el gallo—. Nadie se quedará dormido mientras yo esté cerca.

—Debo decir que tengo el sueño pesado —dijo el cerdo—. Siempre tengo problema para levantarme temprano, por ello podría ser útil tener nuestro propio reloj despertador.

—Tienes razón —afirmó la oveja—, necesitaremos todo el día para construir la casa.

—Yo también estoy de acuerdo —dijo el ganso—. El gallo será una valiosa incorporación al grupo.

—Entonces todos estamos de acuerdo —concluyó la liebre—. El gallo viene con nosotros, pero ahora démonos prisa porque falta poco para llegar al bosque.

El grupo de animales caminó lo que faltaba para llegar al bosque sin detenerse.

—Este claro es un lugar perfecto para construir una casa —dijo la oveja—, aquí hay mucho pasto para comer.

—Hay una linda zona con lodo para poder revolcarme —agregó el cerdo.

—Está junto al arroyo, por lo que podré nadar cuando lo desee —exclamó el ganso.

—Ese árbol es perfecto para posarme —afirmó el gallo.

Así que construyeron su casa. El cerdo cortaba la madera y la oveja la transportaba al hogar mientras la liebre cortaba y clavaba estaquillas para unir la madera. El ganso arrancaba musgo y lo usaba para rellenar las tablas, y el gallo se aseguraba de que todos se despertaran temprano.

Para mantener la casa cálida y seca, cubrieron el techo con corteza de abedul, paja y césped. Cuando la casa estuvo terminada, todos vivieron allí juntos y felices.

Detective del lenguaje — **El verbo caminó está en pretérito. ¿Puedes conjugarlo en futuro?**

Capítulo 3

Vecinos peligrosos

Cerca de la pequeña casa en el claro, un par de lobos grises tenían su guarida. Naturalmente, los lobos son atentos, y estos lobos no quitaban los ojos de encima a todo lo que sucedía en el vecindario. Cuando vieron la pequeña casa, tuvieron curiosidad por conocerla.

—Parece que tenemos vecinos nuevos —dijo el primer lobo, que se llamaba Wolfgang.

—Construyeron una casa que parece cómoda —dijo el segundo lobo, que se llamaba Grayling.

—Iré a presentarme —afirmó Wolfgang.

—Nosotros, los lobos, ponemos nerviosos a algunos animales —explicó Grayling—, intenta no asustarlos.

—Tengo un plan ingenioso —afirmó Wolfgang—: esta noche los visitaré y les pediré que me presten cerillas para encender la fogata.

Esa noche, Wolfgang visitó la pequeña casa y, como la puerta estaba abierta, entró muy atrevido como si nada. Pero mientras entraba a la casa, la oveja le dio un topetazo tan fuerte que el lobo cayó contra la estufa y se chamuscó el pelaje. Después, el cerdo lo mordió, el ganso lo picoteó, el gallo cacareó fuerte en su oído y la liebre corrió rápido hacia todas las esquinas de la casa, rasguñando y rebatiendo.

Wolfgang cerró los ojos y trató de protegerse de los golpes, corriendo en círculos hasta que, finalmente, pudo salir.

Detective del lenguaje **¿Puedes hallar tres verbos en futuro en la página 12?**

Wolfgang se escapó de la casa y se encontró con Grayling, que estaba esperándolo.

—Bueno, ¿qué noticias tienes de nuestros nuevos vecinos? —preguntó Grayling, impaciente—. Debes de haber recibido una cálida bienvenida, pues estuviste adentro mucho tiempo, pero ¿dónde están las cerillas?

—Sí, una cálida bienvenida; demasiado cálida —dijo Wolfgang—. En esa casa viven humanos feroces. No bien entré, uno de ellos me levantó del suelo y me arrojó contra la estufa. Después, dos más me pellizcaron y me pegaron.

—¿Cuántos humanos crees que había? —preguntó Grayling, nervioso.

—Era imposible contarlos —dijo Wolfgang—. Corrían por la casa con pisadas fuertes. Parecía que estaban reuniendo un ejército en mi contra. En algún lugar, cerca del techo, uno de ellos chillaba: "¡Atrapen al lobo! ¡Atrapen al lobo!". Tuve suerte de sobrevivir.

—Debemos mantenernos lejos de estos feroces humanos —explicó Grayling.

—Estoy de acuerdo —contestó Wolfgang.

Y a partir de ese día, los lobos no volvieron a visitar a sus vecinos.

Respuesta a la lectura

Resumir

Piensa en los animales de *La oveja y el cerdo forman un hogar.* Usa detalles para resumir lo que los hace especiales. Usa la tabla como ayuda.

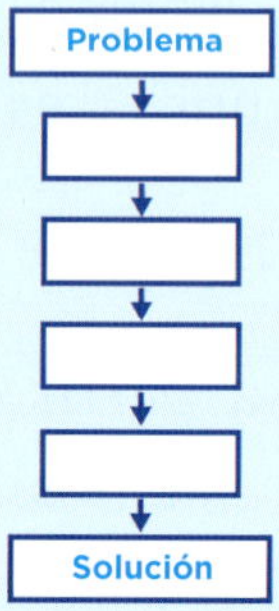

Evidencia en el texto

1. ¿Cómo sabes que este es un cuento folclórico? Identifica una característica que te lo indique. **GÉNERO**

2. ¿Cuál es el primer problema que la oveja y el cerdo necesitan resolver? ¿Cómo lo resuelven? **PROBLEMA Y SOLUCIÓN**

3. ¿Qué significa la palabra *voluminosa* en la página 2? ¿Qué palabra cercana te ayuda a saberlo? **SINÓNIMOS**

4. Escribe sobre por qué la visita del lobo es un problema para los animales. ¿Cómo resuelven el problema? **ESCRIBIR SOBRE LA LECTURA**

Género Texto expositivo

Compara los textos

Lee sobre las características únicas de las ovejas y los lobos.

Ovejas y lobos

Los pelajes gruesos protegen a las ovejas salvajes de las rigurosas condiciones climáticas.

Muchos cuentos folclóricos hablan de ovejas y de lobos. ¿Cuánto sabes sobre los animales verdaderos?

Ovejas

Hay más de mil millones de ovejas en la Tierra. Muchas viven en granjas. Otras viven en estado salvaje. Las ovejas salvajes son cautelosas y precavidas. Si los depredadores las persiguen hacia acantilados empinados, las ovejas a veces les dan un topetazo hasta tirarlos por el acantilado.

Las ovejas pacen en grupo. Se apiñan para mantenerse abrigadas. La lana de sus pelajes las protege del clima. La mayoría de las ovejas salvajes tienen un pelaje externo de pelo grueso y otro interno corto y velloso de lana fina.

La única defensa que tienen las ovejas domésticas es apiñarse. Los granjeros construyen corrales y cercos para protegerlas.

La gente ha criado ovejas por miles de años. Las ovejas domesticadas tienen características que las hacen valiosas para los granjeros. Pueden criarse en casi todo tipo de terreno. No necesitan comida especial; comen casi todo lo que sea verde.

Las ovejas de granja no tienen un pelaje externo velludo. El delgado pelaje interno de las ovejas salvajes se convirtió en lana gruesa, o vellón. Cuando se corta, vuelve a crecer pronto. Se usa para hacer ropa.

Ovejas salvajes	Ovejas de granja
pelaje externo grueso	sin pelaje externo
pelaje interno de lana fina	pelaje de lana gruesa
deambulan en estado salvaje	viven en áreas cercadas

Lobos

Los lobos son miembros de la familia de los perros. Se los conoce por su inteligencia, coraje y resistencia. Viven, principalmente, en las únicas zonas vírgenes de América del Norte y partes de Europa.

Son depredadores que cazan por las noches en grupos organizados. Tienen territorios de caza muy grandes. Son enemigos naturales de las ovejas salvajes. También atacan a las ovejas de granja. Esto ha provocado que muchos humanos los maten.

Características de los lobos

Haz conexiones

¿Cuáles son algunas de las características únicas de las ovejas y de los lobos en *Ovejas y lobos*? **PREGUNTA ESENCIAL**

¿Qué características hacen que los animales sean únicos? Usa los ejemplos de *La oveja y el cerdo forman un hogar* y de *Ovejas y lobos* para justificar tu respuesta. **EL TEXTO Y OTROS TEXTOS**

Enfoque:
Género

Cuentos folclóricos Los cuentos folclóricos son historias que se transmiten entre las personas, de boca en boca o por medio de tradición oral. Los cuentos folclóricos no son reales y pueden incluir animales que hablan y sucesos mágicos.

Lee y descubre *La oveja y el cerdo forman un hogar* es un cuento folclórico de Noruega que se ha vuelto a contar. El cuento no es real. Tiene animales como personajes. Los animales no actúan de manera realista.

Tu turno

Elige dos animales y piensa en las características que comparten, así como también las características que los hacen únicos. Usa la tabla como ayuda. Escribe un cuento folclórico en el que los dos animales que elegiste decidan organizar juntos las tareas domésticas.

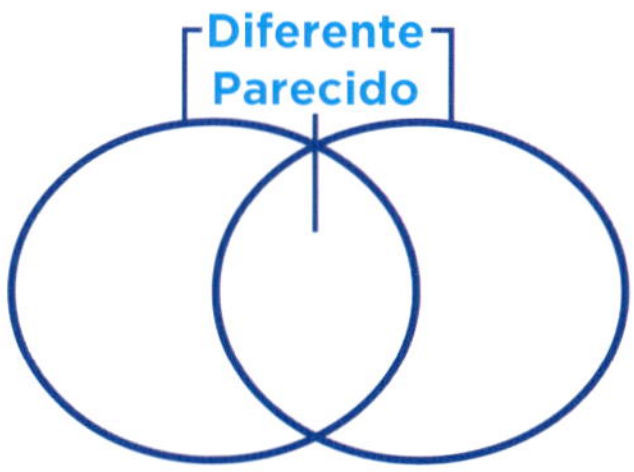